GW00503569

THIS NOTEBOOK BELONGS TO:

NAME:

AGE: **DATE:**

NAME:

AGE: **DATE:**

NAME:

AGE: **DATE:**

NAME: _____

AGE: _____   **DATE:** _____

_____

_____

_____

NAME: _____

AGE: _____   **DATE:** _____

_____

_____

_____

NAME: _____

AGE: _____   **DATE:** _____

_____

_____

_____

NAME: —————————————————

AGE: —————— **DATE:** ——————————

————————————————————————

————————————————————————

————————————————————————

NAME: —————————————————

AGE: —————— **DATE:** ——————————

————————————————————————

————————————————————————

————————————————————————

NAME: —————————————————

AGE: —————— **DATE:** ——————————

————————————————————————

————————————————————————

————————————————————————

NAME:

AGE: **DATE:**

NAME:

AGE: **DATE:**

NAME:

AGE: **DATE:**

NAME: ───────────────────────

AGE: ─────────── **DATE:** ───────────

───────────────────────────────

───────────────────────────────

───────────────────────────────

NAME: ───────────────────────

AGE: ─────────── **DATE:** ───────────

───────────────────────────────

───────────────────────────────

───────────────────────────────

NAME: ───────────────────────

AGE: ─────────── **DATE:** ───────────

───────────────────────────────

───────────────────────────────

───────────────────────────────

NAME:

AGE: **DATE:**

NAME:

AGE: **DATE:**

NAME:

AGE: **DATE:**

NAME: ───────────────

AGE: ─────────── **DATE:** ───────────

───────────────────────────

───────────────────────────

───────────────────────────

NAME: ───────────────

AGE: ─────────── **DATE:** ───────────

───────────────────────────

───────────────────────────

───────────────────────────

NAME: ───────────────

AGE: ─────────── **DATE:** ───────────

───────────────────────────

───────────────────────────

───────────────────────────

NAME: ————————————————————————

AGE: ———————— **DATE:** ————————

NAME: ————————————————————————

AGE: ———————— **DATE:** ————————

NAME: ————————————————————————

AGE: ———————— **DATE:** ————————

NAME: _____

AGE: _____ **DATE:** _____

_____

_____

_____

_____

NAME: _____

AGE: _____ **DATE:** _____

_____

_____

_____

_____

NAME: _____

AGE: _____ **DATE:** _____

_____

_____

_____

NAME: _____

AGE: _____ **DATE:** _____

_____

_____

_____

NAME: _____

AGE: _____ **DATE:** _____

_____

_____

_____

NAME: _____

AGE: _____ **DATE:** _____

_____

_____

_____

NAME: ———————————————————————————————

AGE: ——————————— **DATE:** ———————————

NAME: ———————————————————————————————

AGE: ——————————— **DATE:** ———————————

NAME: ———————————————————————————————

AGE: ——————————— **DATE:** ———————————

NAME: _____

AGE: _____ **DATE:** _____

_____

_____

_____

NAME: _____

AGE: _____ **DATE:** _____

_____

_____

_____

NAME: _____

AGE: _____ **DATE:** _____

_____

_____

_____

NAME: ———————————————————

AGE: ——————————— **DATE:** ———————

———————————————————————

———————————————————————

———————————————————————

———————————————————————

NAME: ———————————————————

AGE: ——————————— **DATE:** ———————

———————————————————————

———————————————————————

———————————————————————

———————————————————————

NAME: ———————————————————

AGE: ——————————— **DATE:** ———————

———————————————————————

———————————————————————

———————————————————————

NAME:

AGE: **DATE:**

NAME:

AGE: **DATE:**

NAME:

AGE: **DATE:**

NAME:

AGE: **DATE:**

NAME:

AGE: **DATE:**

NAME:

AGE: **DATE:**

NAME:

AGE: **DATE:**

NAME:

AGE: **DATE:**

NAME:

AGE: **DATE:**

NAME:

AGE: **DATE:**

NAME:

AGE: **DATE:**

NAME:

AGE: **DATE:**

NAME: _____

AGE: _____ **DATE:** _____

_____

_____

_____

_____

NAME: _____

AGE: _____ **DATE:** _____

_____

_____

_____

_____

NAME: _____

AGE: _____ **DATE:** _____

_____

_____

_____

_____

NAME:

AGE: **DATE:**

NAME:

AGE: **DATE:**

NAME:

AGE: **DATE:**

NAME:

AGE: **DATE:**

NAME:

AGE: **DATE:**

NAME:

AGE: **DATE:**

NAME:

AGE: **DATE:**

NAME:

AGE: **DATE:**

NAME:

AGE: **DATE:**

NAME:

AGE: **DATE:**

NAME:

AGE: **DATE:**

NAME:

AGE: **DATE:**

NAME: ————————————————————————

AGE: ——————————— **DATE:** ——————————

——————————————————————————————————

——————————————————————————————————

——————————————————————————————————

——————————————————————————————————

NAME: ————————————————————————

AGE: ——————————— **DATE:** ——————————

——————————————————————————————————

——————————————————————————————————

——————————————————————————————————

——————————————————————————————————

NAME: ————————————————————————

AGE: ——————————— **DATE:** ——————————

——————————————————————————————————

——————————————————————————————————

——————————————————————————————————

NAME:

AGE: **DATE:**

NAME:

AGE: **DATE:**

NAME:

AGE: **DATE:**

NAME: ———————————————————————

AGE: ——————————— **DATE:** ———————————

———————————————————————————————

———————————————————————————————

———————————————————————————————

NAME: ———————————————————————

AGE: ——————————— **DATE:** ———————————

———————————————————————————————

———————————————————————————————

———————————————————————————————

NAME: ———————————————————————

AGE: ——————————— **DATE:** ———————————

———————————————————————————————

———————————————————————————————

———————————————————————————————

NAME:

AGE: **DATE:**

NAME:

AGE: **DATE:**

NAME:

AGE: **DATE:**

NAME:

AGE: **DATE:**

NAME:

AGE: **DATE:**

NAME:

AGE: **DATE:**

NAME: _____

AGE: _____ **DATE:** _____

_____

_____

_____

NAME: _____

AGE: _____ **DATE:** _____

_____

_____

_____

NAME: _____

AGE: _____ **DATE:** _____

_____

_____

_____

NAME: _____

AGE: _____ **DATE:** _____

_____

_____

_____

NAME: _____

AGE: _____ **DATE:** _____

_____

_____

_____

NAME: _____

AGE: _____ **DATE:** _____

_____

_____

NAME:

AGE: **DATE:**

NAME:

AGE: **DATE:**

NAME:

AGE: **DATE:**

NAME:

AGE: **DATE:**

NAME:

AGE: **DATE:**

NAME:

AGE: **DATE:**

NAME:

AGE: **DATE:**

NAME:

AGE: **DATE:**

NAME:

AGE: **DATE:**

NAME:

AGE: **DATE:**

NAME:

AGE: **DATE:**

NAME:

AGE: **DATE:**

NAME:

AGE: **DATE:**

NAME:

AGE: **DATE:**

NAME:

AGE: **DATE:**

NAME: ————————————————————————

AGE: —————————— **DATE:** ——————————

_____

_____

_____

NAME: ————————————————————————

AGE: —————————— **DATE:** ——————————

_____

_____

_____

NAME: ————————————————————————

AGE: —————————— **DATE:** ——————————

_____

_____

_____

NAME:

AGE: **DATE:**

NAME:

AGE: **DATE:**

NAME:

AGE: **DATE:**

NAME: —————————————

AGE: ————————— **DATE:** —————————

—————————————————————

—————————————————————

—————————————————————

—————————————————————

NAME: —————————————

AGE: ————————— **DATE:** —————————

—————————————————————

—————————————————————

—————————————————————

NAME: —————————————

AGE: ————————— **DATE:** —————————

—————————————————————

—————————————————————

—————————————————————

NAME:

AGE: **DATE:**

NAME:

AGE: **DATE:**

NAME:

AGE: **DATE:**

NAME:

AGE: **DATE:**

NAME:

AGE: **DATE:**

NAME:

AGE: **DATE:**

NAME:

AGE: **DATE:**

NAME:

AGE: **DATE:**

NAME:

AGE: **DATE:**

NAME:

AGE: **DATE:**

NAME:

AGE: **DATE:**

NAME:

AGE: **DATE:**

NAME:

AGE: **DATE:**

NAME:

AGE: **DATE:**

NAME:

AGE: **DATE:**

NAME: ————————————————————

AGE: ———————— **DATE:** ————————

_____

_____

_____

_____

NAME: ————————————————————

AGE: ———————— **DATE:** ————————

_____

_____

_____

_____

NAME: ————————————————————

AGE: ———————— **DATE:** ————————

_____

_____

_____

_____

NAME: ⎯⎯⎯⎯⎯⎯⎯⎯⎯⎯⎯⎯⎯⎯⎯⎯⎯⎯⎯⎯⎯⎯

AGE: ⎯⎯⎯⎯⎯⎯⎯⎯⎯⎯ **DATE:** ⎯⎯⎯⎯⎯⎯⎯⎯⎯⎯⎯⎯

⎯⎯⎯⎯⎯⎯⎯⎯⎯⎯⎯⎯⎯⎯⎯⎯⎯⎯⎯⎯⎯⎯⎯⎯⎯⎯⎯⎯⎯⎯⎯⎯⎯

⎯⎯⎯⎯⎯⎯⎯⎯⎯⎯⎯⎯⎯⎯⎯⎯⎯⎯⎯⎯⎯⎯⎯⎯⎯⎯⎯⎯⎯⎯⎯⎯⎯

⎯⎯⎯⎯⎯⎯⎯⎯⎯⎯⎯⎯⎯⎯⎯⎯⎯⎯⎯⎯⎯⎯⎯⎯⎯⎯⎯⎯⎯⎯⎯⎯⎯

NAME: ⎯⎯⎯⎯⎯⎯⎯⎯⎯⎯⎯⎯⎯⎯⎯⎯⎯⎯⎯⎯⎯⎯

AGE: ⎯⎯⎯⎯⎯⎯⎯⎯⎯⎯ **DATE:** ⎯⎯⎯⎯⎯⎯⎯⎯⎯⎯⎯⎯

⎯⎯⎯⎯⎯⎯⎯⎯⎯⎯⎯⎯⎯⎯⎯⎯⎯⎯⎯⎯⎯⎯⎯⎯⎯⎯⎯⎯⎯⎯⎯⎯⎯

⎯⎯⎯⎯⎯⎯⎯⎯⎯⎯⎯⎯⎯⎯⎯⎯⎯⎯⎯⎯⎯⎯⎯⎯⎯⎯⎯⎯⎯⎯⎯⎯⎯

⎯⎯⎯⎯⎯⎯⎯⎯⎯⎯⎯⎯⎯⎯⎯⎯⎯⎯⎯⎯⎯⎯⎯⎯⎯⎯⎯⎯⎯⎯⎯⎯⎯

NAME: ⎯⎯⎯⎯⎯⎯⎯⎯⎯⎯⎯⎯⎯⎯⎯⎯⎯⎯⎯⎯⎯⎯

AGE: ⎯⎯⎯⎯⎯⎯⎯⎯⎯⎯ **DATE:** ⎯⎯⎯⎯⎯⎯⎯⎯⎯⎯⎯⎯

⎯⎯⎯⎯⎯⎯⎯⎯⎯⎯⎯⎯⎯⎯⎯⎯⎯⎯⎯⎯⎯⎯⎯⎯⎯⎯⎯⎯⎯⎯⎯⎯⎯

⎯⎯⎯⎯⎯⎯⎯⎯⎯⎯⎯⎯⎯⎯⎯⎯⎯⎯⎯⎯⎯⎯⎯⎯⎯⎯⎯⎯⎯⎯⎯⎯⎯

⎯⎯⎯⎯⎯⎯⎯⎯⎯⎯⎯⎯⎯⎯⎯⎯⎯⎯⎯⎯⎯⎯⎯⎯⎯⎯⎯⎯⎯⎯⎯⎯⎯

NAME: ⎯⎯⎯⎯⎯⎯⎯⎯⎯⎯⎯⎯⎯⎯⎯⎯⎯⎯⎯⎯⎯⎯⎯⎯⎯⎯⎯⎯⎯⎯⎯⎯⎯

AGE: ⎯⎯⎯⎯⎯⎯⎯⎯⎯⎯ **DATE:** ⎯⎯⎯⎯⎯⎯⎯⎯⎯⎯⎯⎯⎯

NAME: ⎯⎯⎯⎯⎯⎯⎯⎯⎯⎯⎯⎯⎯⎯⎯⎯⎯⎯⎯⎯⎯⎯⎯⎯⎯⎯⎯⎯⎯⎯⎯⎯⎯

AGE: ⎯⎯⎯⎯⎯⎯⎯⎯⎯⎯ **DATE:** ⎯⎯⎯⎯⎯⎯⎯⎯⎯⎯⎯⎯⎯

NAME: ⎯⎯⎯⎯⎯⎯⎯⎯⎯⎯⎯⎯⎯⎯⎯⎯⎯⎯⎯⎯⎯⎯⎯⎯⎯⎯⎯⎯⎯⎯⎯⎯⎯

AGE: ⎯⎯⎯⎯⎯⎯⎯⎯⎯⎯ **DATE:** ⎯⎯⎯⎯⎯⎯⎯⎯⎯⎯⎯⎯⎯

NAME:

AGE: **DATE:**

NAME:

AGE: **DATE:**

NAME:

AGE: **DATE:**

NAME:

AGE: **DATE:**

NAME:

AGE: **DATE:**

NAME:

AGE: **DATE:**

NAME:

AGE: **DATE:**

NAME:

AGE: **DATE:**

NAME:

AGE: **DATE:**

NAME:

AGE: **DATE:**

NAME:

AGE: **DATE:**

NAME:

AGE: **DATE:**

NAME:

AGE: **DATE:**

NAME:

AGE: **DATE:**

NAME:

AGE: **DATE:**

NAME: _____

AGE: _____ **DATE:** _____

_____

_____

_____

NAME: _____

AGE: _____ **DATE:** _____

_____

_____

_____

NAME: _____

AGE: _____ **DATE:** _____

_____

_____

_____

NAME:

AGE: **DATE:**

NAME:

AGE: **DATE:**

NAME:

AGE: **DATE:**

NAME: _____

AGE: _____ **DATE:** _____

_____

_____

_____

NAME: _____

AGE: _____ **DATE:** _____

_____

_____

_____

NAME: _____

AGE: _____ **DATE:** _____

_____

_____

_____

NAME: ⸺

AGE: ⸺ **DATE:** ⸺

NAME: ⸺

AGE: ⸺ **DATE:** ⸺

NAME: ⸺

AGE: ⸺ **DATE:** ⸺

NAME:

AGE: **DATE:**

NAME:

AGE: **DATE:**

NAME:

AGE: **DATE:**

NAME: _____

AGE: _____ **DATE:** _____

_____

_____

_____

_____

NAME: _____

AGE: _____ **DATE:** _____

_____

_____

_____

_____

NAME: _____

AGE: _____ **DATE:** _____

_____

_____

_____

_____

NAME: ————————————————————————

AGE: ——————————— **DATE:** ————————————

————————————————————————————————

————————————————————————————————

————————————————————————————————

————————————————————————————————

NAME: ————————————————————————

AGE: ——————————— **DATE:** ————————————

————————————————————————————————

————————————————————————————————

————————————————————————————————

————————————————————————————————

NAME: ————————————————————————

AGE: ——————————— **DATE:** ————————————

————————————————————————————————

————————————————————————————————

————————————————————————————————

NAME: ───────────────────

AGE: ─────── **DATE:** ──────

NAME: ───────────────────

AGE: ─────── **DATE:** ──────

NAME: ───────────────────

AGE: ─────── **DATE:** ──────

NAME: _____

AGE: _____ **DATE:** _____

_____

_____

_____

NAME: _____

AGE: _____ **DATE:** _____

_____

_____

_____

NAME: _____

AGE: _____ **DATE:** _____

_____

_____

_____

NAME: _____

AGE: _____ **DATE:** _____

_____

_____

_____

NAME: _____

AGE: _____ **DATE:** _____

_____

_____

_____

NAME: _____

AGE: _____ **DATE:** _____

_____

_____

_____

NAME:

AGE: _____ **DATE:**

NAME:

AGE: _____ **DATE:**

NAME:

AGE: _____ **DATE:**

NAME: _____

AGE: _____ **DATE:** _____

_____

_____

_____

_____

NAME: _____

AGE: _____ **DATE:** _____

_____

_____

_____

_____

NAME: _____

AGE: _____ **DATE:** _____

_____

_____

_____

_____

NAME:

AGE: **DATE:**

NAME:

AGE: **DATE:**

NAME:

AGE: **DATE:**

NAME:

AGE: **DATE:**

NAME:

AGE: **DATE:**

NAME:

AGE: **DATE:**

NAME:

AGE: **DATE:**

NAME:

AGE: **DATE:**

NAME:

AGE: **DATE:**

NAME: ———————————————————————

AGE: ——————————— **DATE:** ———————————

———————————————————————————————

———————————————————————————————

———————————————————————————————

———————————————————————————————

NAME: ———————————————————————

AGE: ——————————— **DATE:** ———————————

———————————————————————————————

———————————————————————————————

———————————————————————————————

———————————————————————————————

NAME: ———————————————————————

AGE: ——————————— **DATE:** ———————————

———————————————————————————————

———————————————————————————————

———————————————————————————————

———————————————————————————————

NAME: _____

AGE: _____ **DATE:** _____

_____

_____

_____

_____

NAME: _____

AGE: _____ **DATE:** _____

_____

_____

_____

_____

NAME: _____

AGE: _____ **DATE:** _____

_____

_____

_____

NAME:

AGE: **DATE:**

NAME:

AGE: **DATE:**

NAME:

AGE: **DATE:**

NAME: ———————————————————————————————

AGE: ————————————— **DATE:** ————————————

———————————————————————————————————

———————————————————————————————————

———————————————————————————————————

NAME: ———————————————————————————————

AGE: ————————————— **DATE:** ————————————

———————————————————————————————————

———————————————————————————————————

———————————————————————————————————

NAME: ———————————————————————————————

AGE: ————————————— **DATE:** ————————————

———————————————————————————————————

———————————————————————————————————

———————————————————————————————————

NAME: _____

AGE: _____ **DATE:** _____

_____

_____

_____

NAME: _____

AGE: _____ **DATE:** _____

_____

_____

_____

NAME: _____

AGE: _____ **DATE:** _____

_____

_____

_____

NAME:

AGE: **DATE:**

NAME:

AGE: **DATE:**

NAME:

AGE: **DATE:**

NAME:

AGE: **DATE:**

NAME:

AGE: **DATE:**

NAME:

AGE: **DATE:**

NAME:

AGE: **DATE:**

NAME:

AGE: **DATE:**

NAME:

AGE: **DATE:**

NAME:

AGE: **DATE:**

NAME:

AGE: **DATE:**

NAME:

AGE: **DATE:**

NAME: _____

AGE: _____ **DATE:** _____

_____

_____

_____

NAME: _____

AGE: _____ **DATE:** _____

_____

_____

_____

NAME: _____

AGE: _____ **DATE:** _____

_____

_____

_____

NAME: _____

AGE: _____   **DATE:** _____

_____

_____

_____

_____

NAME: _____

AGE: _____   **DATE:** _____

_____

_____

_____

_____

NAME: _____

AGE: _____   **DATE:** _____

_____

_____

_____

_____

NAME:

AGE: **DATE:**

NAME:

AGE: **DATE:**

NAME:

AGE: **DATE:**

NAME:

AGE: **DATE:**

NAME:

AGE: **DATE:**

NAME:

AGE: **DATE:**

NAME: ———————————————

AGE: ——————————— **DATE:** ———————————

———————————————————————————

———————————————————————————

———————————————————————————

———————————————————————————

NAME: ———————————————

AGE: ——————————— **DATE:** ———————————

———————————————————————————

———————————————————————————

———————————————————————————

———————————————————————————

NAME: ———————————————

AGE: ——————————— **DATE:** ———————————

———————————————————————————

———————————————————————————

———————————————————————————

NAME:

AGE: **DATE:**

NAME:

AGE: **DATE:**

NAME:

AGE: **DATE:**

NAME:

AGE: **DATE:**

NAME:

AGE: **DATE:**

NAME:

AGE: **DATE:**

NAME:

AGE: **DATE:**

NAME:

AGE: **DATE:**

NAME:

AGE: **DATE:**

NAME: _____

AGE: _____ **DATE:** _____

_____

_____

_____

NAME: _____

AGE: _____ **DATE:** _____

_____

_____

_____

NAME: _____

AGE: _____ **DATE:** _____

_____

_____

_____

NAME: _____

AGE: _____ **DATE:** _____

_____

_____

_____

NAME: _____

AGE: _____ **DATE:** _____

_____

_____

_____

NAME: _____

AGE: _____ **DATE:** _____

_____

_____

_____

NAME: ———————————————

AGE: ——————— **DATE:** ———————

———————————————————————

———————————————————————

———————————————————————

———————————————————————

NAME: ———————————————

AGE: ——————— **DATE:** ———————

———————————————————————

———————————————————————

———————————————————————

———————————————————————

NAME: ———————————————

AGE: ——————— **DATE:** ———————

———————————————————————

———————————————————————

———————————————————————

NAME: _____

AGE: _____ **DATE:** _____

_____

_____

_____

_____

NAME: _____

AGE: _____ **DATE:** _____

_____

_____

_____

_____

NAME: _____

AGE: _____ **DATE:** _____

_____

_____

_____

_____

NAME: _____

AGE: _____ **DATE:** _____

_____

_____

_____

NAME: _____

AGE: _____ **DATE:** _____

_____

_____

_____

NAME: _____

AGE: _____ **DATE:** _____

_____

_____

_____

NAME: _____

AGE: _____ **DATE:** _____

_____

_____

_____

_____

NAME: _____

AGE: _____ **DATE:** _____

_____

_____

_____

_____

NAME: _____

AGE: _____ **DATE:** _____

_____

_____

_____

_____

NAME:

AGE: **DATE:**

NAME:

AGE: **DATE:**

NAME:

AGE: **DATE:**

NAME: _____

AGE: _____ **DATE:** _____

_____

_____

_____

_____

NAME: _____

AGE: _____ **DATE:** _____

_____

_____

_____

_____

NAME: _____

AGE: _____ **DATE:** _____

_____

_____

_____

_____

NAME:

AGE: **DATE:**

NAME:

AGE: **DATE:**

NAME:

AGE: **DATE:**

NAME:

AGE: **DATE:**

NAME:

AGE: **DATE:**

NAME:

AGE: **DATE:**

NAME:

AGE: **DATE:**

NAME:

AGE: **DATE:**

NAME:

AGE: **DATE:**

NAME: _____

AGE: _____ **DATE:** _____

_____

_____

_____

NAME: _____

AGE: _____ **DATE:** _____

_____

_____

_____

NAME: _____

AGE: _____ **DATE:** _____

_____

_____

_____

NAME:

AGE: **DATE:**

NAME:

AGE: **DATE:**

NAME:

AGE: **DATE:**

NAME: _____

AGE: _____   **DATE:** _____

_____

_____

_____

_____

NAME: _____

AGE: _____   **DATE:** _____

_____

_____

_____

_____

NAME: _____

AGE: _____   **DATE:** _____

_____

_____

_____

_____

NAME:

AGE: **DATE:**

NAME:

AGE: **DATE:**

NAME:

AGE: **DATE:**

NAME: _____

AGE: _____ **DATE:** _____

_____

_____

_____

NAME: _____

AGE: _____ **DATE:** _____

_____

_____

_____

NAME: _____

AGE: _____ **DATE:** _____

_____

_____

_____

NAME: _____

AGE: _____ **DATE:** _____

_____

_____

_____

_____

NAME: _____

AGE: _____ **DATE:** _____

_____

_____

_____

_____

NAME: _____

AGE: _____ **DATE:** _____

_____

_____

_____

_____

NAME:

AGE: **DATE:**

NAME:

AGE: **DATE:**

NAME:

AGE: **DATE:**

NAME: _____

AGE: _____ **DATE:** _____

_____

_____

_____

NAME: _____

AGE: _____ **DATE:** _____

_____

_____

_____

NAME: _____

AGE: _____ **DATE:** _____

_____

_____

_____

NAME:

AGE: **DATE:**

NAME:

AGE: **DATE:**

NAME:

AGE: **DATE:**

NAME:

AGE: **DATE:**

NAME:

AGE: **DATE:**

NAME:

AGE: **DATE:**

NAME:

AGE: **DATE:**

NAME:

AGE: **DATE:**

NAME:

AGE: **DATE:**

NAME:

AGE: **DATE:**

NAME:

AGE: **DATE:**

NAME:

AGE: **DATE:**

NAME: _____

AGE: _____ **DATE:** _____

_____

_____

_____

_____

NAME: _____

AGE: _____ **DATE:** _____

_____

_____

_____

_____

NAME: _____

AGE: _____ **DATE:** _____

_____

_____

_____

_____

NAME: _____

AGE: _____ **DATE:** _____

_____

_____

_____

NAME: _____

AGE: _____ **DATE:** _____

_____

_____

_____

NAME: _____

AGE: _____ **DATE:** _____

_____

_____

_____

NAME: _____

AGE: _____ **DATE:** _____

_____

_____

_____

_____

NAME: _____

AGE: _____ **DATE:** _____

_____

_____

_____

_____

NAME: _____

AGE: _____ **DATE:** _____

_____

_____

_____

_____

NAME:

AGE: **DATE:**

NAME:

AGE: **DATE:**

NAME:

AGE: **DATE:**

NAME:

AGE: **DATE:**

NAME:

AGE: **DATE:**

NAME:

AGE: **DATE:**

NAME: _____

AGE: _____ **DATE:** _____

_____

_____

_____

NAME: _____

AGE: _____ **DATE:** _____

_____

_____

_____

NAME: _____

AGE: _____ **DATE:** _____

_____

_____

_____

NAME:

AGE: **DATE:**

NAME:

AGE: **DATE:**

NAME:

AGE: **DATE:**

NAME: _____

AGE: _____ **DATE:** _____

_____

_____

_____

_____

NAME: _____

AGE: _____ **DATE:** _____

_____

_____

_____

_____

NAME: _____

AGE: _____ **DATE:** _____

_____

_____

_____

NAME:

AGE: **DATE:**

NAME:

AGE: **DATE:**

NAME:

AGE: **DATE:**

NAME: _____

AGE: _____ **DATE:** _____

_____

_____

_____

NAME: _____

AGE: _____ **DATE:** _____

_____

_____

_____

NAME: _____

AGE: _____ **DATE:** _____

_____

_____

_____

NAME:

AGE: **DATE:**

NAME:

AGE: **DATE:**

NAME:

AGE: **DATE:**

NAME: _____

AGE: _____ **DATE:** _____

_____

_____

_____

_____

NAME: _____

AGE: _____ **DATE:** _____

_____

_____

_____

_____

NAME: _____

AGE: _____ **DATE:** _____

_____

_____

_____

_____

NAME:

AGE: **DATE:**

NAME:

AGE: **DATE:**

NAME:

AGE: **DATE:**

NAME: _____

AGE: _____ **DATE:** _____

_____

_____

_____

NAME: _____

AGE: _____ **DATE:** _____

_____

_____

_____

NAME: _____

AGE: _____ **DATE:** _____

_____

_____

_____

Printed in Great Britain
by Amazon

36046946R00069